<그리스도인이면 꼭 알아야 할 성경 지식>

# 디모데전서

## 제2권

## 믿음의 선한 싸움을 싸우라(4-6장)

서울솔로몬학교 성경연수원

# 차 례

이 책에 인용된 성경 구절은 〈한글킹제임스성경〉입니다.

## 제1과

# 미혹하는 영들과 마귀들의 교리들(4:1-6)

『이제 성령께서 분명히 말씀하시나니, 마지막 때에 어떤 자들이 믿음에서 떠나 미혹하는 영들과 마귀들의 교리들을 따르리라』(딤전 4:1).

## 하나님의 일꾼

"디모데전서"는 하나님의 사람 "디모데"에게 주신 책이다. "하나님의 사람"은 "하나님의 일꾼"(고후 6:4, 살전 3:2)이고, "그리스도의 일꾼"(롬 15:16, 고전 4:1)이며, "성령의 일꾼"이고, 또 "교회의 일꾼"(롬 16:1)이다. "하나님의 일꾼"은 당연히 "죄악의 일꾼"이 되어서는 안 되며(욥 34:22), "죄악의 일꾼들"과 함께 다녀서도 안 되고(욥 34:8), 또 "기만하는 일꾼"(고후 11:13)이 되지 말아야 한다. "하나님의 일꾼"은 "복음의 일꾼"(엡 3:7, 골 1:23)이 됨으로써, 추수하도록 이미 하얗게 된 곡식을 부지런히 거둬들여야 하는 "추수의 일꾼"(마 9:38)이 되어야 한다. 특히 이러한 일꾼이 되기 위해서는 "능력 있는 일꾼"(고후 3:6)이 되어야 하고, "신실한 일꾼"(엡 6:21, 골 1:7; 4:7)이 되어야 한다. 또한 "필요를 공급해 주는 일꾼"(빌 2:25)이 되어야 한다. 진리의 말씀을 올바로 나누어 공부하여, "하나님 앞에 부끄럽지 않은 일꾼"(딤후 2:15)이 되어야 하고, 『**믿음의 말씀들과 선한 교리의 말씀들로 양육을 받아 예수 그리스도의 선한 일꾼**』(딤전 4:6)이 되어야 한다.

■ 새롭게 깨달았거나 적용할 내용이 있다면 적어 보세요. ■

## 미혹하는 영들과 마귀들의 교리들

"하나님의 사람"이 **『예수 그리스도의 선한 일꾼』**(6절)이 되어야 하는 이유는, 2천여 년 간의 교회 시대 중 그 어느 때보다도 **『우리의 구원**["휴거" 때 일어날 "몸의 구속"]**이 더 가까워』**(롬 13:11) 왔기 때문이고, 이 **『마지막 때에... 믿음에서 떠나 미혹하는 영들과 마귀들의 교리들을』**(1절) 따르는 사람들이 많기 때문이다. 오늘날은 "성경적인 믿음"을 찾아보기 힘든 시대(눅 18:8)로서, 많은 사람들이 성경대로 믿는 믿음에서 떠나 버렸다(1절). 그들은 믿음을 부인했고(딤전 5:8), 처음 믿음을 버렸다(딤전 5:12). 믿음에서 떠나 방황하고 있으며(딤전 6:10), 믿음에 관한 한 정도를 벗어나 있는데(딤전 6:21), 말하자면 믿음이 완전히 파선한 자들로서(딤전 1:19), 거센 풍랑이 일고 있는 바다 한가운데 배가 난파되어 "믿음이 표류해 버린 자들"인 것이다. **특히 그들에게는 온전히 믿을 수 있는 "바른 성경"과 "바른 지식"이 없으며, 또 설령 있다 해도 믿고자 하는 "의지"가 없다**. 이렇게 "성경적 믿음"이 결여되어 있기에, 사람들은 너무나 쉽게 "미혹하는 영들"과 "마귀들의 교리들"을 따르게 된다(1절).

『이제 성령께서 분명히 말씀하시나니, 마지막 때에 어떤 자들이 믿음에서 떠나 미혹하는 영들과 마귀들의 교리들을 따르리라』(딤전 4:1). 마지막 때를 살고 있는 우리는 성경의 예언대로 수많은 교회들이 사탄에게 미혹되어 마귀들의 교리들을 따르는 것을 목도하고 있다. 사탄은 거짓 교리의 영들의 군대를 보내어 성경 교사들을 미혹했고, 미혹된 그들은 거짓 교리가 마치 정통 교리인 양 교인들을 세뇌하고 있다. 오늘날 교회들은 악령들의 활동에 대해 거의 무지하다. 소위 믿는다고 하는

사람들도, 초자연적인 현상이나 초자연적인 체험이라면 아무런 분별력 없이 하나님께서 하신 역사로 받아들인다. 심지어 영적인 사람들이라고 추앙받는 사람들조차 지식의 부족으로 악령들의 군대에 맞서 온전히 대항하지 못하고 있다. 그들 중 대다수는 영적 전쟁에 대해 언급하는 것조차 꺼려한다. 특히 예수 그리스도가 전파되기만 한다면, 사탄의 존재와 능력, 그를 대적하는 방법 등에 대해서는 말할 필요가 없다고 주장하는 것이다. 하지만 바로 이러한 무지 때문에, 하나님의 많은 자녀들이 원수인 마귀의 먹잇감이 되고 있다. 성경 교사들의 침묵이 하나님의 자녀들로 하여금 사탄의 맹렬한 공격 앞에 무방비 상태가 되게 하고 있는 것이다. 마귀의 계략들에 대해 무지하면, 진리를 수호하기는커녕 오히려 악령들의 일을 지지하는 편에 설 수도 있다(제시 펜 루이스, 〈마귀들과 싸우는 영적 전쟁, War On The Saints〉).

기독교계 안에 퍼져 있는 대표적인 "마귀들의 교리들"은 다음과 같다.

- 자기가 구원받았다는 사실은 죽어 봐야 알 수 있다.
- 교회가 대환란을 통과한다.
- 하나님 외에 다른 "최종권위"(절대 권위)는 없다.
- 사탄은 그리스도인을 공격할 수 없다.
- 성경은 비유적(영적, 풍유적)으로 해석해야 한다.
- 교회가 지상에 왕국을 세우고 나서야 예수님께서 오신다[무(후)천년주의].
- 하나님은 모든 사람의 아버지다.
- 예수님은 12월 25일에 태어나셨다.
- 교회는 크리스마스, 부활절 등의 절기를 지켜야 한다.
- 건물이 크고 헌금 액수가 많고 교인 수가 많으면 많을수록 좋은 교회다.

- 창세전에 하늘나라 갈 사람과 지옥 갈 사람이 정해져 있다.
- 끝까지 견뎌야 구원받는다.
- 구원받으려면 믿음만으로는 안 되며, 반드시 그에 따른 행위가 필요하다.
- 세례 또는 유아세례로 구원받는다.
- 방언은 성령 침례의 증거다.
- 오순절 은사주의 운동은 성경적이다.
- 다른 종교에도 구원이 있다.
- 팔레스타인은 이스라엘 땅이 아니다.
- 마리아는 죄 없이 태어났고, 죄인들을 구원할 수 있다.
- 마리아는 하나님과 사람 사이에 중보자가 된다.
- 지옥에서 영원히 불타는 사람은 없다.

이상 "미혹하는 영들"과 "마귀들의 교리들"을 따르는 근본적인 원인은 "성경적인 믿음을 버리고, 성경적인 믿음에서 떠나 버리는 데" 있다. 성경적인 믿음과 그에 따른 선한 양심을 붙들어야 하는데, 그들에게는 성경적인 믿음과 그에 따른 건전한 말씀들과 교리들을 붙들만한 "양심"조차 없는 것이다. 이는 그들의 양심이 화인을 맞았기 때문이다. 『**그들 자신의 양심이 화인을 맞아 위선으로 거짓을 말하리라**』(2절). "하나님의 말씀"에 대해 양심이 반응하지 않는다. 심지어 죄를 지적해도 찔림이 없다. 죄를 지어도 회개하지 않는다. 같은 죄를 너무 자주 반복해서 이제는 하나님께 자비와 용서를 구하며 죄를 자백하는 것마저 형식적인 일이 되고 말았다. 아무 거리낌 없이 위선으로 거짓을 말하기까지 한다.

특히 이런 "거짓말쟁이들" 중에는 혼인과 음식을 금하는 무리들이 있는데 "로마카톨릭"이 대표적이다. 『**혼인을 금하고 음식을 삼가라고 명하리니, 이 음식은 하나님께서 진리를 믿고 아는 사람들이 감사함으로 받도록 지으신 것이라**』(3절).

이와 관련하여 성경은 『**혼인은 모든 면에서 귀한 것**』(히 13:4)이고, 『**음식은 하나님께서 진리를 믿고 아는 사람들이 감사함으로 받도록 지으신 것**』(3절)이고, 또 『**하나님께서 지으신 것은 모두 좋은 것이요, 감사함으로 받으면 아무것도 버릴 것이**』(4절) 없다고 말씀한다(창 9:3, 막 7:19, 행 10:11-15). 특히 "음식"은 『**하나님의 말씀과 기도로써 거룩하게**』(5절) 된다. 그래서 우리가 "식사 전"에 기도할 때 "음식을 성결하게 해 주시라"고 기도하는 것이다. 하루 동안에 무슨 일이 일어날지도 모르는 삶을 살고 있는(잠 27:1) 우리가 이렇게 기도하는 것은 매우 유익한 일이다.

하나님께서 "내가 먹을 음식"을 "하나님의 말씀과 기도"로(5절) 거룩하게 해 주셨다면, 나는 그 음식을 먹을 수 있다. 나는 『**아무것도 버릴 것이 없으니**』(4절)라는 말씀과 관련하여 몇 가지 배운 것이 있다. 나는 부드러운 베이컨도 먹을 수 없다. 크래커나 밥, 빵 없이 생선을 너무 많이 먹는 것도 나한테는 좋지 않다. 나는 오후 4시 이후에 차를 마실 수 없다. 뜨거운 밥과 양배추를 먹으면 완전히 녹초가 되는데, 마치 곤봉으로 맞은 것처럼 걸어가다가도 쓰러진다. 그 외에는 아무 문제없다. 하나님께서는 나에게 복을 주셔서 놀라우리만큼 무쇠에 가까운 소화 기관을 주셨다. 앉은 자리에서 식초, 마늘, 양파, 고추, 핫 칠리 등을 트림 한번 하지 않고 먹어 치울 수 있다. 나는 "오스트리아"에서 "일본"까지 가는 동안, "캐나다"에서 "필리핀"까지 가는 동안 빈 접시를 놓고 1만 번 이상 기도했다. 하나님께서는 먹기에 아주 좋은 음식들로 그 빈 접시를 채워 주셨다(행 14:17). 디모데전서 4:4-6에 따르면 감사와 기도를 통해 음식을 거룩하게 해 주신다. 한번은 어떤 신부가 매 식사 전에 기도문을 읊조리면서 "주님, 우리가 이제 곧 받게 될 것에 대해 참된 감사를 드릴 수 있도록 우리를 도와주소서."라고 기도했

다. 흔히들 생각하는 가장 불길한 일이 어쩌다가 내게도 닥칠지 모르는 일 아닌가?(피터 럭크만 목사)

**『네가 이런 것들을 형제들에게 기억하게 한다면 너는 네가 따르던 믿음의 말씀들과 선한 교리의 말씀들로 양육을 받아 예수 그리스도의 선한 일꾼이 되리라』**(6절). 이 "마지막 때"에 "미혹하는 영들과 마귀들의 교리들"에 이끌리거나, "세상 풍조"에 휩쓸려 믿음이 파선당하지 않기 위해서는 우리 모두 "선한 일꾼들"이 되어야 한다. "선한 일꾼"이 될 수 있는 가장 중요한 방법 한 가지는, 우리가 **『따르던 믿음의 말씀들과 선한 교리의 말씀들로 양육을』** 받는 것이다. 이 말씀들은 우리의 화인 맞은 양심을 살려 줄 것이다. 완고한 마음을 부수고, 냉랭해진 믿음을 뜨겁게 소생시켜 줄 것이다. 부지런히 "진리의 지식" 안에서 자라가야 한다(벧후 3:18). 진리의 지식으로 무장하지 않은 일꾼은 아무 쓸모가 없다. 왜냐하면 선한 일꾼들이 무엇을 해야 하고 또 어떻게 일해야 하는지에 관한 지침은 성경에 기록되어 있기 때문이다. 성경적인 믿음과 경건의 능력을 찾아보기 힘든 이 배교의 시대에, 가짜들이 판을 치고 있는 이 거짓의 시대에, 성경대로 믿고 실행하고자 하는 여러분 모두가 진리의 말씀에 붙잡힌 사람들이 되어 복음 안에서 마지막 개혁과 부흥을 주도하는 신실한 일꾼이 될 수 있기를 간절히 바란다.

■ 새롭게 깨달았거나 적용할 내용이 있다면 적어 보세요. ■

# NOTES

# 제2과

# 사역자가 지켜야 할 명령들(4:7-16)

『네 자신과 교리에 주의하고 이 일들을 계속하라. 이것을 행함으로써 네 자신과 네 말을 듣는 사람들을 구원하리라』(딤전 4:16).

## 성공적인 사역을 위한 실제적 충고들

몸의 훈련에 대한 충고와 경건함(8절), 젊지만 권위를 행사하는 것과(12절) 시간을 보내는 것(13절), 이미 받은 은사를 발전시키는 것(14절), 사역에 대한 헌신(15절), 하나님의 뜻 안에서 견고함과 인내를 가질 것(16절) 등의 충고를 볼 수 있다.

## 몸의 훈련과 영적인 훈련(7-11절)

### 1. 불경스럽고 늙은 부녀자들(7절)

현대의 대표적인 불경스럽고 늙은 부녀자들로 크리스천 사이언스의 베이커 에디와 안식교의 엘런 화이트가 있다. 크리스천 사이언스의 베이커 에디는 어릴 때부터 여러 질병으로 고통받다가 스스로 치유의 길을 발견했다고 한다. 그녀는 1875년 〈과학과 건강〉이라는 저서를 통해 환자들의 건강이 회복될 수 있는 방법이 있다고 주장했다. 그 저서에 따르면 사물은 환상에 불과하고 사람의 마음만이 참되고 진실된 것이라 말하고 있다. 그러나 성경은 이들의 꾸며 낸 이야기와 반대로 말씀하고 있다.

『마음은 만물보다 거짓되고 심히 악하니 누가 그것들 알 수 있으리요?』(렘 17:9)

엘런 화이트는 17살 무렵부터 하나님께로부터 오는 계시를 받기 시작하여 약 2천 번 정도의 계시를 받았다고 주장했으며, 그녀가 받은 그 계시들이 안식교의 교리서가 되었다. 이들은 율법의 행위로 구원을 받고 유지하며 구원의 확신 역시 율법의 행위로 입증된다고 주장한다. 그러나 율법과 선지서들은 요한까지이고 그 후로는 하나님의 나라가 전파된다고 성경은 말씀하고 있다.

『율법과 선지서들은 요한까지요, 그후로는 하나님의 나라가 전파되어 사람마다 그 안으로 밀고 들어가느니라』(눅 16:16).

## 2. 꾸며 낸 이야기들(7절)

연옥, 유아 세례, 성모 마리아, 성찬식 등 로마카톨릭의 교리들은 모두 꾸며 낸 이야기들이다. 구약 시대 신정통치 기간에는 "거룩한 궤," "거룩한 기명들," "성소," "거룩한 의복," "거룩한 사람들," "거룩한 물," "거룩한 모임"(민 5:17, 출 28:2, 레 23:2) 등이 있었지만 로마카톨릭은 이런 내용들을 신약 시대로 가져와 꾸며 낸 이야기를 만들어 내었다. 로마카톨릭 사제들은 갈보리에서 흘려진 예수 그리스도의 보혈 위에 이러한 것들을 더 믿도록 강요하는 것이다. 갈보리에서 흘려진 예수 그리스도의 보혈로 이러한 짐들이 모두 벗겨졌는데도(골 2:16,18,19) 로마카톨릭 제사장들은 여전히 신약의 그리스도인들의 등 위에 이런 짐들을 얹어 놓고 있는 것이다.

이 외에도 꾸며낸 이야기들로 "극단적 칼빈주의"와 "극단적 세대주의" 등이 있다. 이러한 꾸며 낸 이야기는 의문을 일으킬 뿐 경건에 이르는 데 어떤 도움도 되지 않는다. 성공적인 사역을 하기 위해서는 자신을 경건에 이르도록 훈련해야 하고 이러한 꾸며 낸 이야기들은 버려야 한다.

## 3. 모든 일에 유익한 경건(8절)

경건함은 모든 문제들로부터 성도를 지켜줄 수 있다. 경건이 속사람을 건강하게 하는 것이라면 몸의 훈련은 겉 사람을 건강하게 하는 것이다. 하나님께서 "기쁨을 취하지 않으신다"고 하셨고 "자랑하지 말라"고 하셨지만, 몸의 훈련 자체를 금지하신 것은 아니다. 오히려 자신의 몸을 훈련시키는 것은 반드시 필요하다.

『말의 힘을 즐거워하지 아니하시고 사람의 다리에서도 기쁨을 취하지 아니하시는도다』(시 147:10).

『현명한 자는 자기 지혜를 자랑하지 말며 용사는 자기 힘을 자랑하지 말고 부자는 자기의 부를 자랑하지 말라』(렘 9:23).

## 4. 신실한 하나님의 말씀(9절)

신실하다는 말은 안심하고 믿을 수 있고 의지하며 신뢰할 수 있다는 의미이다. 하나님의 말씀은 신실하다. 왜냐하면 하나님께서 신실하신 분이기 때문에 그분의 말씀 역시 신실하다. 하나님께서는 정직하시며 결코 변치 않으시는 분이시다. 예수 그리스도 역시 신실하신 분으로 영원토록 동일하신 분이다. 『**예수 그리스도는 어제나 오늘이나 영원토록 동일하시니라**』(히 13:8). 신실하신 하나님께서는 자녀들의 필요를 채워 주시며, 보호하시고, 세심하게 돌봐 주시며, 인도해 주시겠다고 약속하신 분이고 모든 약속을 지키실 것이다. 따라서 그분의 말씀은 온전히 받아들이기에 합당하다.

## 5. 하나님을 신뢰하라(10절)

수고하고 치욕을 감당하는 사람들은 9절에서 언급된 하나님의 신실한 말씀을 온전히 받아들인 사람들이다. 하나님의 말씀을 온전히 받아들여서 성경대로 믿고 실행하려고 하는 사람들은 고난을 받으며 살게 된다.

2천 년 교회사에서 증명되었듯이 세상에서 살아 계신 하나님을 신뢰하는 일은 수고하고 치욕을 감당하는 것과 연관되어 있다. 단순히 하나님 한 분만을 신뢰했다는 그 사실로 인해서 수많은 성경대로 믿는 그리스도인들이 고문을 당하거나 재산을 몰수당했으며, 때로는 그들이 살던 나라에서 추방당했고, 심지어 교수형에 처해지거나 단두대에 올라서기도 했다. 하나님을 신뢰했다는 그 단순한 사실은 교황과 로마 전체의 분노를 사기에 충분한 이유가 되었던 것이다.

"하나님을 신뢰하는 것"은 자신 안에 있는 자신에 대한 신뢰를 던져 버리고 하나님의 의를 받아들이는 것을 의미한다. 이것은 하나님의 의와 자신의 의를 바꾸는 것을 말한다.

『사람에게 신뢰를 두기보다 **주**를 신뢰하는 것이 나으며』(시 118:8).

『그러나 우리는 다 불결한 것 같고, 우리의 모든 의는 더러운 걸레 같으며, 또 우리는 다 잎사귀처럼 시들며 우리의 죄악들은 바람처럼 우리를 옮겨 갔나이다』(사 64:6).

『내가 그들에 대해 증거하노니 그들에게는 하나님께 대한 열성은 있으나 지식을 따라 된 것은 아니니라』(롬 10:2).

『이는 그들이 하나님의 의를 모르고 자기들의 의를 세우려 함으로써 그들 스스로 하나님의 의에 복종치 아니하였음이니라』(롬 10:3).

## 6. 그분은 모든 사람들 특히 믿는 사람들의 구주이시니라(10절)

예수 그리스도는 구주이신데 10절 말씀에서 언급하는 구주가 되어 주시는 대상은 둘이다. 첫 번째는 "모든 사람들"이고 두 번째는 "특히 믿는 사람들"의 구주가 되어 주신다. 이 구절은 칼빈의 "제한적 속죄"와 "무조건적인 선택"의 교리를 정면으로 반박한다. 예수 그리스도께서는 "선택된 자들"이나 "그의 백성들"만의 구주가 아닌 것이다.

"속죄"(atonement)와 "속죄에 대한 적용"을 구분해야 한다. 속죄는 "모든 사람들"을 위한 것인데, 말 그대로 모든 사람을 위한 것이다. 어떤 특정 집단 내의 모든 사람이 아닌 인류 전체를 위한 것이 속죄이다. 하지만 그 속죄가 적용되는 대상은 그 속죄를 "믿는" 사람들에게만 한정된다. 따라서 칼빈주의가 말하는 것처럼 "제한적 속죄"가 아니라 "보편적 속죄"이고 오직 적용할 때만 "유효한 속죄"가 되는 것이다.

## 7. 이런 것들을 명령하고 가르치라(11절)

『**이런 것들을 명령하고 가르치라.**』 이 말은 사도 바울이 젊은 사역자에게 권하는 핵심 내용이다. 첫 번째는 "이런 것들," 즉 "지식"이다. 명령하고 가르칠 것들이 무엇인지 알아야 하기 때문에 성경적인 지식이 있어야 한다. 두 번째는 그 "지식"을 근거로 성경대로 믿고 실행할 것을 "명령해야" 한다. 세 번째는 누군가를 "가르쳐야" 한다. 본인만의 지식으로 만족하는 것은 하나님께서 원하시는 것이 아니다. 하나님께서는 모든 사람이 구원을 받고 진리의 지식에 이르기를 원하시기 때문이다(딤전 2:4). 성경대로 믿는 교사들은 사람들을 가르쳐 또 다른 성경대로 믿는 교사들을 길러 내야 하고 성장한 교사들은 또 다른 교사들을 가르쳐야 한다.

『그리고 네가 많은 증인들 가운데서 내게 들은 것들을 신실한 사람들에게 맡기라. 그들이 또 다른 사람들을 가르칠 수 있으리라』(딤후 2:2).

## 사역자가 시간을 사용하는 방법(12-16절)

### 1. 말에 있어서 본이 되라(12절)

20대의 젊은 사역자가 인생 경험을 풍부히 가진 60대, 70대의 회중들을 향해 자신에게 존경을 표하라고 말하는 것은 어려운 일이다. 왜냐하면 사역자가 아직 경험하지 못한 많은 경험을 이미 그 회중들은 겪어 봤기 때문이다. 그럼에도 성경은 믿는 자들의 본이 되라고 말씀하고 있다.

『마케도니아와 아카야에서 믿는 모든 자들에게 본이 되었느니라』(살전 1:7).

『이는 우리에게 권리가 없어서가 아니요 다만 우리가 스스로 너희에게 본을 보여 우리를 본받게 하려 함이라』(살후 3:9).

『하나님께서 맡겨 주신 자들을 지배하려 하지 말고 오직 양무리의 본이 되라』(벧전 5:3).

『또 말에 있어서나 행실에 있어서나 무엇을 하든지 모든 것을 주 예수의 이름으로 하고 그를 통하여 하나님, 곧 아버지께 감사를 드리라』(골 3:17).

그리스도인이 말하고 행동하는 것은 **『주 예수의 이름으로』** 말하고 행동해야 하며, 또 그것을 말하고 행동할 때에는 예수 그리스도를 통해 『**하나님, 곧 아버지께 감사를**』 드릴 수 있어야 한다. 항상 『**그의 목전에 기쁨이 되는 일들**』(요일 3:22)에 주의를 기울여 믿는 자들의 본이 되어야 한다.

## 2. 행실에 있어서 본이 되라(12절)

행실이란 삶의 방식이나 삶의 예절을 말한다. 영어 킹제임스성경에서 행실에 해당하는 단어는 컨버세이션(conversation)인데 이 단어가 본문의 내용을 적절히 설명해 준다. 왜냐하면 마음에 가득한 것을 입이 말하기 때문이다(마 12:34).

## 3. 사랑에 있어서 본이 되라(12절)

사역자는 무엇보다 하나님과 하나님의 말씀에 대한 사랑이 있어야 한다. 그리고 지체들에 대한 사랑이 있어야 한다. 특히 개인적으로 잘못한 사람이나 개인적으로 모욕을 준 사람에 대해 기꺼이 용서할 수 있어야 하고 잘못한 형제에게 기꺼이 한 번 더 기회를 줄 수 있어야 한다. 교회 밖에서도 누군가에게 무엇이 필요하다면 기꺼이 나아가 도울 수 있어야 한다. 구원받지 못한 사람들에게 가장 필요한 것은 구원의 복음이다.

구원받지 못한 사람들을 불쌍히 여기고 가엾게 생각하며 혼을 사랑하는 마음을 가져야 한다.

『너는 네 마음을 다하고, 혼을 다하고, 생각을 다하고, 힘을 다하여 주 너의 하나님을 사랑하라. 이것이 첫째 계명이니라. 둘째는 이와 같으니, 곧 네 이웃을 네 자신과 같이 사랑하라는 것이라. 이들보다 더 큰 다른 계명은 없느니라."고 하시더라』(막 12:30,31).

## 4. 영과 믿음에 있어서 본이 되라(12절)

영에 있어서 믿는 자들의 본이 되어야 한다. 이것은 사역에 대한 태도를 말한다. 양 무리에 대한 태도, 박해와 여러 가지 문제들, 성공과 승리에 대한 태도이다. 믿음에 있어서 믿는 자들의 본이 되어야 한다. 기도에 응답하실 하나님을 기다리는 것, 성경에 기록된 믿는 자들에게 주실 몫이나 유업을 기도 가운데 주장하는 것, 성경에서 발견되는 약속들을 주장하는 것, 어려운 상황 가운데 하나님을 신뢰하는 것 등을 보여 줄 수 있어야 한다.

## 5. 순결에 있어서 본이 되라(12절)

사역자는 더러움을 피하고 정결하게 지켜야 한다. 도덕적이건, 종교적이건, 사회적이건 자신을 정결하게 지켜야 한다.

『네 자신을 정결하게 지키라』(딤전 5:22).

『마음을 정결케 하라』(약 4:8).

『이제는 너희가 이 모든 것, 즉 분노와 성냄과 악의와 하나님을 모독하는 것과 너희 입에서 나오는 추잡한 말을 벗어 버리라』(골 3:8).

『그러므로 참으로 사랑하는 자들아, 우리가 이러한 약속들을 가졌으니 하나님을 두려워함으로 거룩함을 온전히 이루어 육과 영의 모든 더러움에서 우리 자신을 깨끗하게 하자』(고후 7:1).

## 6. 전념하라(13절)

읽는 것과 권고하는 것과 교리는 젊은 사역자에게 있어서 필요한 세 가지 필수적인 요소들이다. 읽는 것 중 사역자가 가장 많은 시간을 들여야 하는 것은 하나님의 말씀인 성경이다. 사역자의 독서에 있어 성경보다 더 많이 읽는 책이 있어서는 안 된다.

다른 책들을 읽느라 성경을 등한시하는 것은 비극이다. 사역자는 오직 성경 말씀에 흠뻑 젖어 있을 때에만 권위를 갖고 말할 수 있다. 근본적이고 최종적인 질문은 "성경이 무엇을 말하는가?"이지 "주석이 무엇을 말하는가?"가 아니다. 사람들이 무엇을 말하는지에 대해 아는 것도 좋지만 하나님께서 무엇을 말씀하시는지를 아는 것이 가장 중요하다. 사람이 쓴 책이 사람의 마음을 말씀에서 돌아서게 한다면 아무 책도 가지고 있지 않는 것이 낫다. - 알프레드 깁스

권고하는 것에 전념해야 한다. 통회하는 자를 초청하고, 결정을 위해 촉구하며, 변화를 이끌어 낼 수 있는 강력한 강의를 할 수 있어야 한다. 잠들어 있는 회중을 깨우고, 안일한 생각을 뒤집어엎어 놓으며, 정적인 마음을 휘저어 놓을 수 있어야 한다. 단단한 마음의 껍질을 벗겨 내야 한다. 옥수수 알맹이를 끄집어내듯, 다이너마이트로 폭파시키듯 변화받지 못하는 완고한 마음의 뿌리를 뽑아 버려야 한다. 거리에 나가서 열변을 토하며 외쳐야 한다.

『아끼지 말고 크게 외치며, 나팔처럼 네 목소리를 높이라. 내 백성에게 그들의 허물을, 야곱의 집에 그들의 죄들을 보이라』(사 58:1).

성경을 올바로 나누어 공부해야 한다. 영적인 나라인 하나님의 나라와 물리적인 왕국인 천국의 차이를 공부하라. 시대별 구원의 차이를 알아야 한다. 율법 시대와 교회 시대, 환란 시대와 천년왕국 시대의 구원의 차이를 알아야 한

다. 또한 몸 안에서 일어나지만, 몸에서 혼을 분리해내는 영적인 할례에 대해서도 이해할 수 있어야 한다.

변개된 성경은 "교리"(doctrine)를 "가르치는 것"(teaching)으로 변개시켜 놓았다. "가르침"이란 사용법 또는 고치는 법, 배우는 법을 말하기도 한다. 반면에 교리는 성경에서 발견되는 절대적인 진리에 관한 특별한 가르침을 의미한다.

## 7. 은사를 소홀히 여기지 말라(14절)

은사를 불일 듯 일어나게 한다는 것은 믿음을 일으켜 세우라고 말하는 것이 아니다. 이 말은 믿음이 있는 디모데에게 이미 받은 은사를 계속해서 사용하라는 의미로 말한 것이다. 그 은사가 구체적으로 어떤 은사인지는 모르지만 목회하는 데 필요한 은사인 것만은 분명하다. 따라서 사역자는 이런 은사를 소홀히 여기지 말고 꾸준히 사용하여 사역을 수행해 나가야만 한다.

## 8. 진전이 모든 사람에게 드러나게 하라(15절)

진전이 모든 사람들에게 드러나게 하기 위해서는 이 일들을 묵상하고 이 일들에 전념해야 한다. 이 일들은 은사와 읽는 것, 권면하는 것과 교리를 말한다. 즉 이런 일들에 "빠져 있어야" 한다. 온전히 헌신된 그리스도인이어야 하는 것을 의미한다. 자신을 하나님께 전적으로 드리고 나서 그 후에 하나님의 일에 자신을 전적으로 드려야 한다. 어떤 목자이든지 참된 목자라면 이 순서를 지켜야 한다. 이런 사역자들이 있어야 교회는 주님의 일들을 많이 감당해 낼 수 있게 된다.

사역자들은 주님의 일에 온전히 전념하여 진전이 모든 사람에게 드러나게 해야 한다. 여기서의 진전이란 잃어버린 혼들이 구원받는 것과 성도들의 삶이 변화되는 것, 지역 사회를 복음으로 뒤엎는 것과 악한 자들을 꾸짖는 것, 기도가 응답되는 것, 필요들이 채워지는 것, 회심자들이 변화를 받아 말씀을 증거하는 것 등을 말한다.

## 9. 자신과 교리에 주의하라(16절)

먼저 나쁜 여자들을 조심하라(잠 2,5-7장). 나쁜 남자들을 조심하라(잠 1-3장). 마음속의 생각에 주의를 기울이라(시 19:14). 죄들에 대해서는 지속적으로 심판하고 자백하라(고전 10,11장). 자신의 기질을 주의해 지켜보라(약 1:19). 빨리 용서하고, 원한을 품고 있지 말라(약 5:9, 엡 4:32). 성경을 읽고 기도하는 데 시간을 사용하라(시 1편, 렘 17:5-8). 악은 어떠한 형태든지 피하라(살전 5:22). 이것이 자신을 주의하라는 의미이다.

이것을 행함으로써 디모데는 자신을 구원할 것이라는 말을 듣는데 여기서의 구원은 혼의 구원이 아닌 사역에서의 구원에 대한 언급이다. 즉 디모데가 자기 자신을 성경대로 유지하는 데 주의하고, 자신의 믿음을 올바른 상태로 유지하는 데 주의한다면, 디모데는 자기 자신과 그의 말을 듣는 사람들을 구원하게 된다는 말씀이고 이것은 사역이 온전하다는 의미와 그 회중의 영적 건강이 양호하다는 것을 의미한다.

라오디케아 교회 시대의 특징은 병들어 있는 회중이다. 이들은 머리에서 발끝까지 모두 병들었다(사 1:6). 설교도 병들었고, 찬양도 병들었고, 설교자도 병들었고, 회중도 병들었다. 이 마지막 시대에 사역자 자신뿐만 아니라 교회의 회중들까지 건강한 영적 생활을 누리기 위해서는 모든 권면을 성경대로 실행하는 것이다.

# 제2과
# 복습문제

1. 꾸며 낸 이야기는 의문을 일으킬 뿐 경건에 이르는데 어떤 도움도 되지 않는다. ( O , X )

2. 경건함은 모든 문제들로부터 성도를 지켜줄 수 있다. ( O , X )

3. "하나님을 신뢰하는 것"은 하나님의 (          )를 받아들이는 것을 의미한다. 이것은 하나님의 (          )와 자신의 (          )를 바꾸는 것을 말한다.

4. 『아무도 너의 연소함을 업신여기지 못하게 하고, 오직 너는 말과 행실과 사랑과 영과 믿음과 순결에 있어서 믿는 자들의 (          )이 되라』(딤전 4:12).

5. 『내가 갈 때까지 읽는 것과 권고하는 것과, 교리에 (          )하라』(딤전 4:13).

6. 모든 사역의 목표는 결과와 양이다. ( O , X )

■ 새롭게 깨달았거나 적용할 내용이 있다면 적어 보세요. ■

# NOTES

## 제3과

# 과부들에 대한 지침
# (5:1-16)

『참 과부이며 외로운 여인은 하나님을 신뢰하고 밤낮 간구와 기도를 꾸준히 하지만 향락 속에 사는 여인은 살아 있지만 죽은 것이라』(딤전 5:5,6).

## 성도들에게 권고할 때의 지침

『나이 많은 이를 책망하지 말고 오히려 아버지처럼, 젊은 남자들은 형제처럼 권고하며 나이 많은 여인들은 어머니처럼, 젊은 여인들은 온전한 정결로써 자매처럼 권고하라』(1,2절).

1,2절에서 사도 바울은 디모데에게 교회 내 성도들에게 권고할 때의 지침을 알려 주고 있다. 우선 나이 많은 형제는 책망하지 말고 오히려 아버지처럼 권고해야 한다. 책망(rebuke)이라는 말은 공개적으로 호통을 치고 면박을 주면서 크게 꾸짖는 것을 말한다(갈 2:11-14). 목사의 권위를 앞세워 성도들 앞에서 호통치며 꾸짖는 일은 자칫 잘못하면 그 나이 많은 형제를 실족하게 만들고 또 교회를 떠나게 만드는 일이 될 수도 있다. 그렇기 때문에 아버지께 하듯 부드럽게 해야 한다(레 19:32). 아울러 젊은 남자들에게 권고할 때는 친 형제를 대하듯 해야 한다. 왜냐하면 주께 형제가 되는 그리스도인들은 그리스도 안에서 또한 한 형제이기 때문이다(히 2:11-13). 특히 젊은 남자들은 혈기왕성하기 때문에 육신적으로 부딪힐 여지가 다분하다. 따라서 젊은 남자에게는 형제처럼 권고해야 한다.

자매들에게 무엇인가 권고해야 할 필요가 있을 때, 나이 많은 여인들은 어머니처럼 젊은 여인들은 온전한 정결로서 자매처럼 권고해야 한다. 이 말씀은 나이 많은 여인들은 어머니로 또 젊은 여인들은 집안의 누나, 여동생, 딸처럼 대하라는 말씀이다. 이렇게 함으로써 어머니나, 누나, 여동생, 딸과 같은 가족에게 간음과 음행을 저지르는 근친상간의 죄와도 같은 죄를 짓지 말라는 것이다. 무엇보다도 교회 내 목사는 남자이기 때문에 여자들을 대할 때 특히 더 조심해야 한다.

## 과부 부양의 의무

『참 과부인 과부들을 존경하라. 만일 어떤 과부에게 자녀나 자손들이 있거든 그들로 먼저 집에서 효도를 행하여 자기 부모에게 보답하는 것을 배우게 하라. 이것이 하나님 앞에 선하고 기뻐하실 만한 것이라. 참 과부이며 외로운 여인은 하나님을 신뢰하고 밤낮 간구와 기도를 꾸준히 하지만 향락 속에 사는 여인은 살아 있지만 죽은 것이라. 이것들을 일러주어, 그들이 비난받지 않게 하라. 만일 누군가가 자기 친족, 특히 자기 가족을 돌보지 않는다면 그는 믿음을 부인한 자요, 불신자보다 더 나쁜 자니라』(3-8절).

4절부터 8절까지의 말씀에서는 과부 부양의 의무가 누구에게 있는지를 알려주고 있다. 먼저 과부에게 자녀나 자손들이 있다면, 그들이 과부를 부양해야 한다. 16절 말씀에서도 『**만일 어떤 믿는 남자나 여자에게 과부들이 있으면 그들로 그들을 도와주게 하여 교회에 짐을 지우지 말지니, 이는 교회가 참 과부들을 도와주도록 하려는 것이라.**』라고 말씀한다. 자녀나 자손들로 먼저 그들의 과부된 여인을 부양함으로써 교회가 도와야 할 참 과부들을 도와줄 수 있도록 해야 한다. 특히 자녀들이 어머니를 부양하는 것은 부모를 공경하는 한 방법으로서 성경은 효도를 행하는 것을 약속 있는 첫째 계명이라고 말씀한다(엡 6:1-3). 즉 이 땅에서 장수할 수 있는 필수 조건인 것이다. 한편 3절에서 참 과부인 과부들을 존경하라고 말씀하는데, 5절에서 참 과부가 어떤 사람인지 설명해 주고 있다. 즉, 하나님을 신뢰하고 밤낮 기도와 간구를 꾸준히 하는 여인이다. 성경에는 이와 같은 참된 과부의 모습을 제시하고 있는데 바로 "안나"이다(눅 2:36,37). 안나는 결혼한 지 7년 만에 남편과 사별한 후 과부가 된다. 혼자

된 처지였지만 성전에서 밤낮 금식과 기도로 하나님을 섬겼다고 말한다. 바울이 말하고 있는 참된 과부의 모습을 그대로 보였던 것이다.

성경에서 제시하고 있는 참된 과부의 모습과는 반대로, 과부이면서도 육신의 정욕을 억제하지 못한 채 향락 속에서 사는 여인들이 있다. 성경은 이런 여인들이 살아 있지만 죽어 있다고 말한다. TV, 영화, 드라마에 나오는 사람들 중 이 말씀에 해당되는 많은 여배우들을 볼 수 있다. 겉으로는 화려해 보이지만 안으로는 우울하고 활기가 없으며 싸늘하고 죽은 것과 같다. 럭크만 목사님은 이 구절이 "유쾌한 미망인(The Merry Widow)"이라는 오페라를 떠오르게 한다고 말했다. 이 오페라는 남편과 사별한 한 과부가, 남편이 죽고 난 뒤 챙긴 보험금을 가지고 다른 여러 남자들을 만나는 이야기를 담은 오페라다. 세상은 돈, 쾌락, 방종과 같은 이런 행복을 추구한다. 하지만 결국 채울 수 없는 공허함 속에 괴로워하다 죽으면 지옥에 가는 것이다. 향락 속에 사는 여인은 살아 있지만 죽은 것이라, 성경이 말하는 진리다.

7절에서는 이처럼 과부들을 부양해야 할 일차적인 책임이 있다는 것을 알려주어 그들이 비난받지 않게 하라고 말씀하신다. 여기서 그들은 바로 4절에 어떤 과부에게 있는 자녀나 자손들을 가리킨다. 왜냐하면 만일 누군가가 자기 친족, 특히 자기 가족을 돌보지 않는다면 그는 믿음을 부인한 자요, 불신자보다 더 나쁜 자이기 때문이다. 남편이 살아 있을 때는 남자가 가족을 부양해야 하는 책임이 있다. 먹고 살아야 하는 실제적인 문제를 책임져야 하는 것이다. 그런데 사별했다면 이제 그 책임이 자기 친족 특히 자기 가족에게 주어지는 것이다. 여기서 과부를 돌봐야 하는 의무가 주어지는 두 대상이 제시된다. 먼저 자기 친족이다. 내 어머니는 아니지만 조카라든가 손자라면 친족 중에 생긴 과부를 돌봐야 한다. 특히 자신의 가족 중에 즉 자신의 어머니, 누이, 동생, 딸 중에서 누군가 과부가 되었다면 마땅히 돌봐야 한다. 그렇게 하지 않는 자는 불신자보다 더 나쁜 자라고 말씀한다. 왜냐하면 구원받지 않은 사람이라도 대부분 자신의 가족은 돌보려 하기 때문이다.

## 과부로 명부에 올릴 수 있는 일곱 가지 조건

『과부로 명부에 올릴 수 있는 자는 육십 세 이하여서는 안 되며, 한 남자의 아내였던 여인으로서 선한 행실에 대한 좋은 평판이 있어야 하리니, 곧 자녀를 양육하였거나, 나그네들을 유숙하게 해주었거나, 성도들의 발을 씻겼거나, 고난에 처한 사람들을 구제하였거나, 모든 선한 일을 열심히 좇아 행한 사람이라야 되리라』(9,10절).

9,10절에서 자신을 돌볼 친족과 가족이 없는 참 과부로서 명부에 올릴 수 있는 일곱 가지 조건이 제시된다. 첫 번째, 60세 이하여서는 안 된다(9절). 두 번째, 한 남자의 아내였던 여인이어야 한다(9절). 세 번째, 선한 행실에 대한 좋은 평판이 있어야 한다(10절). 네 번째, 자녀를 잘 양육했어야 한다(10절). 다섯 번째, 나그네들을 유숙하게 해 주는 등의 호의를 베풀었어야 한다(10절). 여섯 번째, 성도들의 발을 씻겨야 한다(10절). 특히 여섯 번째 조건에서 말씀하고 있는 발을 씻겨야 한다는 조건은 어떤 세족식과 같은 의식적인 것을 말하는 것이 아니다. 사도 시대 이후로 세족식이라는 것이 성경대로 믿는 지역 교회에서 행해진 적이 없다. 따라서 발을 씻겼다는 것은 나그네들에게 식사와 잠자리를 제공함으로써 섬긴 것을 말한다. 교회적인 차원에서 행해진 의식이 아닌, 개인

이 개인에게 베풀었던 호의인 것이다. 팔레스타인에서는 손님이 오면 발 씻을 물을 주는 것이 하나의 관례였다(창 19:1,2, 눅 7:36-50). 참 과부가 발 씻을 물을 내어 줌으로써 섬겨야 하는 것을 말하는 것이다. 그리고 마지막 일곱 번째 조건으로 모든 선한 일들을 열심히 좇아 행한 사람이어야 한다. 이와 같은 참 과부를 교회가 돌보았던 예를 사도행전 6:1-4에서 볼 수 있다.

## 젊은 과부들에 대한 조언

『그러나 젊은 과부들은 거절하라. 이는 그들이 그리스도를 거슬러 정욕이 강해지기 시작하면 혼인하고자 함이니 그들은 처음 믿음을 버렸으므로 정죄함을 받느니라. 그들은 게으른 데 익숙하여 집집마다 돌아다니며 게으름을 피울 뿐 아니라, 또한 수다를 떨고 말참견을 하며 마땅히 해서는 아니되는 말을 하나니 그러므로 젊은 여자들은 혼인하여 아이들을 낳고 집안 일을 돌보아서 대적에게 비방받을 기회를 조금도 주지 않기를 바라노라. 이는 어떤 사람들이 이미 사탄을 따라 길을 잘못 들었음이라. 만일 어떤 믿는 남자나 여자에게 과부들이 있으면 그들로 그들을 도와주게 하여 교회에 짐을 지우지 말지니, 이는 교회가 참 과부들을 도와주도록 하려는 것이라』(11-16절).

11절 말씀에서 젊은 과부들은 거절하라고 말씀한다. 왜냐하면 그리스도를 거슬러 정욕이 강해지면 혼인하고자 하기 때문이다. 그렇게 할 때 처음 믿음을 버렸으므로 정죄함을 받는다고 말씀한다. 여기서 정죄받는다(damnation)는 말은 지옥에 간다는 말이 아니다. 성경에서 정죄는 두 가지 의미로 사용되는데

첫 번째로 일시적인 정죄다(롬 13:2, 고전 11:29). 그리고 다른 하나는 영원한 정죄다(요 15:24). 과부가 혼인하고자 할 때 받는 정죄는 영원한 정죄가 아닌 일시적인 정죄다. 이는 자신을 돌볼 자손이나 가족이 없기 때문에 참 과부로 밤낮 간구와 기도로 하나님만을 신뢰하고자 약속하고 교회의 부양을 받으며 죽을 때까지 주님만을 섬기겠다고 약속한 것인데, 이 처음 믿음을, 이 약속을, 이 서원을 깨버렸기 때문에 양심 안에서 일시적으로 정죄받게 되는 것이다. 이처럼 젊은 과부는 육신의 정욕이 강해지고 혼인하고자 하는 마음이 커질 여지가 다분하기 때문에 60세 이하라면 과부로 명부에 올리지 말라고 말씀하는 것이다.

또한 젊은 과부는 게으른 데 익숙하여 집집마다 돌아다니며 게으름을 피울 뿐 아니라, 또한 수다를 떨고 말참견을 하며 마땅히 해서는 안 되는 말을 한다. 여기서 말참견에 관한 영어 단어는 "비지바디즈"(busybodies)라고 되어 있다. 이 표현은 바울이 로마서 1:30에서 말한 "비방하는 자들"(backbiter)만큼이나 생생한 표현이다. "말참견을 하는 사람들(busybodies)"은 바쁜(busy) 사람들인데, 사실 가장 바쁜 사람들은 너무 한가해서 할 일이 아무것도 없는 사람들이다. 이들은 "다른 사람들의 일들"에 있어서 전문가들이다(벧전 4:15). 하지만 정상적인 그리스도인이라면 다른 그리스도인들의 믿음과 믿음의 행실을 입에 올릴 여유가 없다. 믿음의 경주에는 자신만이 달려 나가야 할 길이 있는데 쓸데없이 다른 사람들 참견하느라 바쁘게 보낼 필요가 없는 것이다.

그렇기에 14절에서 『**그러므로 젊은 여자들은 혼인하여 아이들을 낳고 집안일을 돌보아서 대적에게 비방받을 기회를 조금도 주지 않기를 바라노라.**』라고 말씀한다. 이 말씀은 혼인하지 말고 그대로 사는 것이 행복하다고 권면하는 것과(고전 7:39,40) 상충되는 말이다. 그래서 혹자는 사도 바울이 디모데전서를 쓰지 않았다고 주장하는 사람들도 있다. 하지만 고린도전서 7장에서 사도 바울이 독신을 말할 때에 내걸었던 조건이 하나 있다. 바로 절제할 수 있느냐 없느

낫는 문제다(고전 7:9). 이는 무조건 혼인하라, 독신으로 살라가 아니라 독신으로 혼자 사는 것이 행복하지만 절제할 수 없다면 혼인하라는 말씀인 것이다. 이 말씀대로 하지 못한 과부들은 사탄의 유혹에 걸려들어 사탄을 따라 길을 잘못 들었다고 말씀한다. 그리고 16절은 기록된 그대로 과부들이 60세가 넘었다 하더라도 그들을 돌볼 친척들이 있다면 친척들이 그 과부를 돌보아야 한다는 말씀이다. 교회가 혼인하고자 하는 사람들까지 돌봄으로써 재정적인 짐을 져서는 안 된다는 것이다.

■ 새롭게 깨달았거나 적용할 내용이 있다면 적어 보세요. ■

# 제3과
# 복습문제

1. 참된 과부로 명부에 올릴 수 있는 첫 번째 조건은 나이가 70세 이하여야 한다. ( O , X )

2. 참된 과부로 명부에 올릴 수 있는 두 번째 조건은 한 남자의 아내였던 여인이어야 한다. ( O , X )

3. 참된 과부로 명부에 올릴 수 있는 세 번째 조건은 선한 행실에 대한 좋은 평판이 있어야 한다. ( O , X )

4. 참된 과부로 명부에 올릴 수 있는 네 번째 조건은 자녀를 잘 양육했어야 한다. ( O , X )

5. 참된 과부로 명부에 올릴 수 있는 다섯 번째 조건은 나그네를 유숙하는 등 호의를 베풀었어야 한다. ( O , X )

6. 참된 과부로 명부에 올릴 수 있는 여섯 번째 조건은 성도의 발을 씻기는 세족식에 적극 참여해야 한다. ( O , X )

7. 참된 과부로 명부에 올릴 수 있는 일곱 번째 조건은 모든 선한 일들을 열심히 좇아 행한 사람이어야 한다. ( O , X )

# NOTES

## 제4과

# 장로들에 관한 지침

## (5:17-25)

『잘 다스리는 장로들을 배나 존경할 사람으로 여기되 특별히 말씀과 교리에 수고하는 이들에게 그리할지니라』(딤전 5:17).

## 장로에 대한 오해

장로교회의 시조격인 존 칼빈은 딤전 5:17에 대해 이런 주석을 달았다. "우리는 이로부터 당대에는 두 종류의 장로가 있었음을 알 수 있다. 모든 장로들이 가르치도록 서품을 받은 것은 아니었기 때문이다. 이 말씀은 "잘 다스리고" 존경을 받으면서도, 교사로서의 직분을 맡지는 않은 부류가 있었음을 분명하게 의미하고 있다." 그 칼빈의 펜 끝으로부터 나온 것이 바로 소위 교무장로(목사)와 치리장로(흔히 말하는 "장로")를 분리하여 임명하는 제도권 교회식 비성경적 장로직제다. 그러나 정작 성경 본문에는 "장로가 두 종류였다"는 사실을 확정할만한 그 어떤 단서도 없다. 칼빈은 늘 자신의 선입견에 성경을 끼워 맞추려다가 글을 제대로 못 읽는 코흘리개들이나 할 법한 실수를 저지르곤 했는데, 이번에도 그랬던 것이다. 그렇다면 왜 그토록 많은 사람들이 실수투성이인 존 칼빈의 뒤를 따라 "문맹"의 대열에 동참하는 것일까? 그들이 "성경을 안 읽기 때문"이라는 것 외에는 설명할 길이 없으리라 생각한다(사 29:11-14).

■ 새롭게 깨달았거나 적용할 내용이 있다면 적어 보세요. ■

## 장로의 정의

성경에서 장로(elder)는 본래 문자 그대로 나이가 많은 사람을 의미한다(딤전 5:1,2, 신 32:7, 수 24:31). 그러나 신약 지역 교회의 맥락에서는 단순히 나이 많은 사람이 아니라 주로 "지역 교회의 목자"를 지칭하는 용어로 쓰인다(행 14:23; 15:2; 20:17, 딛 1:5, 벧전 5:1, 요이 1:1, 요삼 1:1). 사도 바울은 디도에게 "너를 크레테에 남겨 놓은 목적은 각 성읍에 장로들을 세우게 하려는 것이었다."는 이야기를 한 뒤 곧바로 "감독"의 자격에 대해 이야기한다(딛 1:5-9). 사도 바울이 졸면서 편지를 쓰다가 횡설수설한 것이 아니라면, 남은 가능성은 사도 바울이 이야기한 "장로"와 "감독"이 서로 같다는 것밖에는 없다. 바울 서신을 몇 번만 읽어 보아도, 신약 지역 교회에 주어진 직분으로서의 "장로", "감독", "목사"라는 어휘가 상호 교환적이라는 것 정도는 쉽게 파악할 수 있다.

그렇다면 왜 하필 "장로"라는 어휘가 신약 지역 교회의 목자를 지칭하는 데에 쓰인 것일까? 이는 목자의 권위를 강조하기 위함이다(벧전 5:5). 본래 구약에서 장로란 나이가 많고 깨달은 것도 많아 영적 지도자를 도와 대소사에 있어 결정을 내리거나 의견을 개진하는 역할을 하는 사람들이었다(민 11:16-17, 신 19:11-13; 21:1-9, 판 21:16-24). 따라서 그들에게 부여되었던 권위는 신약 지역 교회 목자의 그것과 유사성을 갖는 것이다.

■ 새롭게 깨달았거나 적용할 내용이 있다면 적어 보세요. ■

## 장로의 역할

『잘 다스리는 장로들을 배나 존경할 사람으로 여기되 특별히 말씀과 교리에 수고하는 이들에게 그리할지니라』(딤전 5:17).

장로는 자신에게 주어진 권위를 통해 "잘 다스려야" 하는데, 이 다스리는 일의 범주 안에는 여러 가지 일이 포함된다. 그 가운데 가장 중요한 일은 무엇보다 양 무리를 치고 돌보면서 말씀으로 "먹이는 일"이다(벧전 5:2, 요 21:15-17). 그런 까닭에 장로들 가운데서도 말씀과 교리에 수고함으로써 양들을 먹이는 데에 헌신적인 장로들을 "특별히" 존경하라고 하나님께서 말씀하고 계시는 것이다.

이러한 "존경"은 권위, 즉 "영향력"이나 "판단 권한"과 깊은 연관이 있는 어휘이다(행 5:34, 고전 6:4). 장로는 그러한 존경을 받을만한 사람으로서, 교회 내에서 송사를 해결하고 책망할 때에는 어떤 일이라도 편파적으로 해서는 않 된다(딤전 5:21). 사도 바울은 이 일을 디모데에게도 주문했는데, 디모데 또한 에베소 교회의 "장로"였기 때문이다. 장로는 심지어 지도자격인 인물이 그 대상이라고 해도 드러난 죄에 대해서라면 공개적으로 책망해야 한다(딤전 5:20, 갈 2:11-14). 그래야 지역 교회의 질서가 바로 서고, 위선과 죄들로부터 교회를 지킬 수 있기 때문이다. "죄를 지으면 꾸짖고, 회개하면 용서한다."는 원칙(눅 17:3)은 형제들 사이의 관계뿐 아니라 지역 교회 전체를 지키는 근간이다. 목자라는 자가 죄를 보고도 꾸짖지 않고, 회개하는 것을 보지 않고도 용서해 버리면 양 우리는 철저히 유린당하고 결국 개와 돼지(벧후 2:22), 이리(행 20:29), 여우(솔 2:15) 등이 들끓는 "동물원"으로 전락해 버리고 만다. 지난 2,000년간의 교회사는 이를 충분히 증명하고도 남는다.

한편, 바울은 이런 이야기를 하면서 천사를 언급하는데, 이는 천사들이 지상에서 일어나는 일들에 관심을 두고 있기 때문이다(눅 15:10 참조). 그중에는 교회 내에서의 "질서 유지"도 있다(고전 11:10). 주님의 편에 선 천사들은 주님의 일을 수행함에 있어 권위의 범위를 매우 엄격하게 따지는 존재들이라는 점(유 1:9)을 떠올려 본다면 충분히 이해가 가고도 남을 일이다.

장로에게는 안수함으로써 사역자를 임명하는 역할 또한 맡겨지는데, 이 일에 있어서도 송사나 책망에서와 마찬가지로 신중을 기해야 한다(딤전 5:22). 작은 일에 신실한 사람이 큰 일에도 신실하다는 사실을 잘 아시는 하나님께서는(눅 16:10) 어떤 큰 일을 맡길 사람을 검증하실 때에 작은 일부터 맡겨보시는 경향이 있다. 지역 교회를 맡은 장로는 이러한 사실을 주지하는 가운데에 사람을 검증해 보고 직분을 임명해야 하며, 누군가를 "갑자기" 안수해서는 안 된다(딤전 3:6,10).

장로는 교리적인 면과 도덕적인 면 모두에 있어 정결하여 지역 교회의 다른 성도들에게 자신을 하나의 본으로 제시할 수 있어야 한다(딤전 5:22, 딛 2:7). 디모데는 이런 면에 있어 충분히 조심하고 있었던 것 같다. 바울이 의료 목적이라면 알코올 성분을 사용해도 괜찮다고 권면해 주어야 할 지경이었던 것을 보면(딤전 5:23), 디모데는 심지어 잘못된 일이 아니라고 해도 형제들을 실족케 할 가능성이 있다면 아예 시도조차 하지 않는(고전 8:13) 성품의 소유자였으리라는 사실을 충분히 짐작해 봄직하다.

"특권 의식"을 가지고 이런저런 명목으로 교인들의 돈과 노동력, 심지어 성까지도 마구잡이로 착취하고, 법과 도덕을 유린하는 목사들과 얼마나 대비되는지 보라! 그들 종교 사기꾼들은 자신들의 죄에는 관대하면서 오히려 진정으로 하나님을 사랑하는 사람들을 보면 몸서리를 치며 대적한다(요 12:3-6). 그래서 때로 그들에 대한 단죄가 속히 집행되지 않는다는 사실은 때로 성경대로 믿고자 하는 성도의 마음을 상하게 할 수 있다(시 73편 참조). 그러나 악인들의 번영을 보면서 선을 행하다가 낙심하지 말라(갈 6:9). 주님께서 선이든 악이든 모든 행위와 모든 은밀한 것들을 심판하시겠다고 말씀하셨음을 기억하라(전 12:14). 주님께서는 다만 때를 조율하고 계실 뿐이다(딤전 5:24,25).

바울이 디모데에게 포도주를 사용하라고 권면한 것에서는 경륜적 변화도 읽어볼 수 있다. 죽은 자들도 사도들의 표적이 사라지고 있었던 것이다. 죽은 사람도 살릴 수 있었던(행 20:9-11) 사도 바울에게는 이제 디모데의 병을 치유해줄 수 있을 만한 신유의 능력조차 남아있지 않았다(딤후 4:20 참조). 표적을 바탕으로 한 유대인 중심의 사역(고전 1:22)이 하나님의 은혜의 복음을 믿는 믿음을 바탕으로 한 이방인 중심의 사역으로 전환된 까닭이었다. 따라서 사도 시대가 끝난 뒤에는 더 이상 "믿는 자들에게 따르는 표적"(막 16:17,18)을 찾아볼 수 없게 되었다. 그런 것들이 자신들에게 넘겨졌다고 주장하는 은사주의자들은 자신들이 디모데전서를 기록할 당시의 바울보다 더 위대한 능력을 가졌다는 얼빠진 소리를 떠벌리는 셈이다.

■ 새롭게 깨달았거나 적용할 내용이 있다면 적어 보세요. ■

## 장로의 권리

『성경이 말씀하시기를 "너는 곡식을 밟아 떠는 소에게 망을 씌우지 말지니라."고 하였고, 또 "일꾼이 자기 삯을 받는 것은 합당하니라."고 하였느니라』(딤전 5:18).

구약의 레위인들이 성전과 제단에서 나오는 것으로 먹고 살았듯이(고전 9:13), 양떼를 치고 돌본 장로들 또한 그 양떼로부터 나온 것으로 먹고 살 권리가 있다(고전 9:7). 곡식을 밟아 떠는 소에게 망을 씌우면, 배를 곪은 그 소가 한눈을 팔게 되는 것이 자연스러운 수순이다(느 13:10). 지역 교회의 헌금과 십일조가 일차적으로 장소를 마련하는 데 쓰인 뒤에는, 곧바로 목자의 생활을 지원하는 데에 쓰여야 한다는 것은 상식의 영역이다. 수고했다면 반드시 보상이 따라야 한다는 것이 하나님의 법칙이기도 하다(히 6:10).

장로에게는 공개적으로 증거할 수 있는(마 18:15-17) 둘 이상의 증인이 없다면 송사당하지 않을 권리가 있다. 이는 하나님께서 지역 교회를 마귀의 술책으로부터 보호하기 위해 마련해 두신 지침이다. 목자를 치면 양들이 흩어지게끔 되어 있기 때문이다(슥 13:7, 마 26:31). 지역 교회 안의 육신적인 사람들에 의해 장로에 대한 근거 없는 "가짜 뉴스"가 생산되는 것은 어제오늘의 일이 아니다(고후 12:16,17). 이런 뜬소문이 있을 때마다 장로에게 해명을 요구한다면 사역은 어떻게 되겠는가?

우리는 장로가 존경받을 만한 사람으로 "여겨질" 권리가 있다는 사실을 기억해야 한다. 물론 그가 성경적으로 양 무리를 다스렸다는 전제가 있어야 하겠지만 말이다. 사람은 누구나 실수하는 존재이고, 본래 신뢰할 만한 대상도 아니다(욥 4:18,19). 지역 교회의 안수 받은 목사라고 해도 마찬가지이기에 때로는 존경받을 만하지 못한 모습도 보일 수 있다. 그러나 지역 교회의 회원이라면 지역 교회를 맡은 그를 존경받을 만하다고 "여겨야" 한다. 주님께서는 우리에게 그 어떤 의도 없는데도 불구하고 우리를 의롭다고 "여겨 주시기까지" 하지 않으셨던가?(롬 4:5)

장로가 죄를 지으라고 지시하거나 육신적인 권위로 양 무리를 지배하려고 들지 않는 이상, 양떼는 영적인 권위를 가진 그를 인정하고 어떤 결정이라도 존중하며 따라야 한다. 설령 그 결정이 비효율적이거나 하나님의 뜻이 아니라고 할지라도 말이다(행 21:10-15). "모든 인간은 평등하다."고 어릴 적부터 세뇌받은 현대인들에게는 이런 일이 쉽지 않겠지만, 우리는 영적 지도자를 자신과 동일하게 여기거나 그와 똑같은 권리를 다른 양들과 "동일선상"에 놓으려 들면 안 된다. 맥아더 장군이 잘 말했듯이, "군대에는 민주주의가 없다."

어떤 사람들은 "모든 사람이 목사가 될 수는 없다."라는 말을 입에 달고 산다. 그들이 그런 말을 하는 이유는 자신이 설정하고 있는 거룩함의 기준선을 더 높은 수준으로 끌어올리고 싶지 않기 때문이다. 옳다. 모든 사람이 목사가 될 수는 없다. 그러나 그 직분을 "사모하는 일"이라면 다르다. 『**만일 어떤 사람이 감독의 직분을 원하면 그가 선한 일을 사모한다는 그 말은 참되도다**』(딤전 3:1). 모든 사람이 목사가 될 수는 없다고 할지라도, 주님께서 부르신다면 기꺼이 그러하리라는 마음을 품고 살아갈 수는 있다. 목사에게 요구되는 도덕적, 교리적 기준치를 자신과는 관계없는 것으로 여기면서 "그렇게까지 정결한 그릇은 되지 않을 거야."(딤후 2:21)라는 다짐(?)을 하고 살아가는 사람들은 목사의 직분에만 부적합 판정을 받는 것이 아니라, 모든 선한 일에 있어 부적합 판정을 받는다(딛 1:16).

## 제4과
# 복습문제

1. 지역 교회에서 목사와 장로는 서로 다른 직분이다. ( O , X )

2. 장로에게 맡겨진 일 중 가장 중요한 일은 성도들을 말씀으로 먹이는 일이라고 할 수 있다. ( O , X )

3. 초신자라도 믿음과 실행에 있어 본이 되면 안수를 줄 수 있다. ( O , X )

4. 지역 교회의 지도자격인 인물을 징계할 때에는 다른 성도들이 실족할 수 있으므로 어떤 경우에도 공개적으로 책망해서는 안 되고, 조용히 징계해야 한다. ( O , X )

5. 둘 이상의 증인이 없다면 장로에 대한 송사는 불가능하다. ( O , X )

6. 장로의 결정으로 인해 자신이 불가피하게 죄를 짓게 되는 경우가 아닌 한, 그 권위를 대적하려고 해서는 안 된다. ( O , X )

■ 새롭게 깨달았거나 적용할 내용이 있다면 적어 보세요. ■

# NOTES

# 제5과

# 하나님의 사람이 추구해야 할 것들(6장)

『그러나, 오, 하나님의 사람인 너는 이것들을 피하라. 그리고 의와 경건과 믿음과 사랑과 인내와 온유를 추구하라』(딤전 6:11).

## 불확실한 재물을 신뢰하지 말라

디모데전서 6장은 성경에서 "돈"에 대한 사랑을 경고하는 장이다. 『마음이 부패하고, 진리를 상실하며, 이익이 경건이라 생각하는 사람들 사이에 무익한 논쟁이 일어나느니라. 그런 데서 네 자신은 빠져 나오라』(5절). 『우리가 세상에 아무것도 가지고 온 것이 없으며 아무것도 가지고 갈 수 없는 것이 분명하니』(7절). 『그러나 부유하게 되고자 하는 자들은 유혹과 올무와 여러 가지 어리석고 해로운 정욕에 빠지리니, 이는 사람들로 파멸과 멸망에 빠지게 하는 것이라』(9절). 『돈을 사랑하는 것이 모든 악의 뿌리니, 이것을 욕심내는 어떤 사람들이 믿음에서 떠나 방황하다가 많은 슬픔으로 자신들을 찔렀도다』(10절), 『이 세상에 있는 부유한 자들에게 명하여 마음이 교만해지지 말고 불확실한 재물을 신뢰하지 말며, 오직 우리에게 모든 것을 풍요하게 주셔서 향유케 하시는 살아 계신 하나님을 신뢰하라고 하라』(17절). 이 세상에서 돈에 대한 탐심이 없는 사람은 없다. 사도 바울이 다루고자 하는 요점은 "그리스도인"이라 불리는 사람들 가운데서도 돈을 탐하는 자들이 있다는 것이다.

■ 새롭게 깨달았거나 적용할 내용이 있다면 적어 보세요. ■

## 만족할 줄 아는 경건

『멍에 아래 있는 모든 종은 자기 주인들을 모든 공경을 받을 자로 여기라. 이는 하나님의 이름과 그분의 교리가 모독을 받지 않게 하려는 것이라. 믿는 주인을 섬기는 자들도 그들이 형제라고 해서 경히 여기지 말고 오히려 더욱 잘 섬겨야 하리니, 이는 그들이 신실하고 사랑받는 자들이며, 선한 일에 동참하는 자들이기 때문이라. 이러한 것들을 가르치고 권면하라... 그러나 만족할 줄 아는 경건은 큰 이익이 되느니라. 우리가 세상에 아무것도 가지고 온 것이 없으며 아무것도 가지고 갈 수 없는 것이 분명하니 우리에게 먹을 것과 입을 것이 있으면 이것들로 만족할 것이니라』(6-8절).

본문에서 『멍에 아래 있는 모든 종』(1절)은 예수 그리스도를 믿고 거듭난 사람이 이 세상에서 종의 신분을 가진 경우를 말한다. 그들은 자기 주인을 모든 공경을 받을 자로 여겨야 하는데, **『이는 하나님의 이름과 그분의 교리가 모독을 받지 않게 하려는 것이라.』**(1절)라고 성경은 말씀한다. 그리스도인이 "종"의 신분으로 어떤 주인을 섬길 때 그 주인에게 "그리스도인으로서의 간증"을 잃지 않아야 한다는 것이며, 그것이 그 종이 믿고 섬기는 하나님의 이름과 하나님께서 가르쳐 주신 교리가 모독을 받지 않는 길이다. 그리스도인은 자기의 신분이 무엇이든지 바로 그 자리에서 간증을 유지해야 한다.

믿는 주인을 섬기는 자들도 그들이 형제라 해서 경히 여기지 말고 오히려 더욱 잘 섬겨야 한다. 왜냐하면 그 "형제" 주인들이 신실하고 사랑받는 자들이며, 예수 그리스도를 섬기는 선한 일에 동참하는 자들이기 때문이다(2절). 지역 교회의 "목사"는 자신의 성도들에게 이러한 것들을 가르치고 권면해야 하는

데(2절), 『**만일 누군가가 다르게 가르치며 건전한 말씀, 곧 우리 주 예수 그리스도의 말씀과 경건에 따른 교리에 일치하지 아니하면 그는 교만해서 아무것도 아는 것이 없고 다만 질문과 언쟁만을 좋아하는 자니, 거기서 시기와 다툼과 악담과 사악한 의심이 생겨나며 마음이 부패하고, 진리를 상실하며, 이익이 경건이라 생각하는 사람들 사이에 무익한 논쟁이 일어나느니라. 그런 데서 네 자신은 빠져 나오라.**』(3-5절)라고 사도 바울은 경고하고 있다. 종이 자기 주인을 존경하여 그에게 복종하는 것을 가리켜 『**건전한 말씀, 곧 우리 주 예수 그리스도의 말씀과 경건에 따른 교리**』라고 부르고 있다. 종이 주인을 존경하는 것도 그리스도인이 믿고 따라야 할 "교리"라는 것이다. 성경의 교리는 신학적인 면에만 국한되지 않는다. 그리스도인이 자신의 삶 속에서 실행해야 할 것들도 "교리"라고 불리고 있다.

그리스도인 "종"이 그리스도인 "주인"에게 복종하는 것은 "경건"에 속한다. 종이 자기 위치에 만족하지 못하고 "나나 당신이나 똑같은 그리스도인데..." 하면서 주인을 자신과 동등하게 대한다면 그것은 교만이지 경건이 아니다. 그리스도인 "종"은 자기 위치에 만족해야 한다(고전 7:20-24). 즉 만족할 줄 아는 경건을 추구해야 하며, 그것이 그에게 "큰 이익"이 된다(6절). "우리가 세상에 아무것도 가지고 온 것이 없으며 아무것도 가지고 갈 수 없는 것이 분명하므로(욥 1:21) 우리에게 먹을 것과 입을 것이 있고 이것들로 만족하면"(7,8절) 그것이 그 종에게 "큰 이익"이 되어 돈으로는 취할 수 없는 "유업의 상"을 받을 수 있게 한다. 『**종들아, 육신에 따른 너희의 주인들에게 모든 일에 순종하되 사람을 기쁘게 하는 자처럼 눈가림으로 섬기지 말고 하나님을 두려워하여 순전한 마음으로 하라. 무슨 일을 하든지 마음을 다하여 주께 하듯 하고 사람에게 하듯 하지 말라. 이는 너희가 유업의 상을 주께로부터 받을 줄 앎이니 너희가 주 그리스도를 섬기고 있음이라. 그러나 악을 행하는 자는 자기가 행한 악에 대하여 받으리니 거기에는 사람을 외모로 취하심이 없느니라**』(골 3:22-25).

사람을 외모로 취하시지 않는 하나님께서는 그리스도인 "주인"에게도 종들을 어떻게 다룰 것인가를 알려 주셨다. 『**주인들아, 너희에게도 하늘에 주인이 계심을 알고 종들에게 의와 공평을 베풀라**』(골 4:1). 따라서 그리스도인 "주인"과 그리스도인 "종"은 각자의 위치에 맞는 섬김을 통해서 "유업의 상"을 받을 수 있는 것이다.

장차 그리스도의 심판석에 받을 상은 우리 각인이 자기의 위치에서 어떻게 섬겼는가에 달려 있다(고전 3:6-8). 각자가 자기의 수고에 따라 자기의 상을 받게 됨을 잊지 말아야 한다.

### 하나님의 이름이 모독받는 경우

하나님의 이름은 세 가지 경우에 모독을 받을 수 있다.

첫째, 아내가 남편에게 순종하지 않을 때이다. 『그들이 젊은 여자들을 가르쳐서 절제하고 남편을 사랑하며 자녀들을 사랑하고, 신중하며 정숙하고 집안 일에 힘쓰며 선하고 그들 자신의 남편에게 복종하게 하라. 이는 하나님의 말씀이 모독을 받지 않게 하려 함이라』(딛 2:4,5).

둘째, 유대인이 자신들의 율법에 순종하지 않는 때이다. 『율법을 자랑하는 네가 율법을 위반함으로써 하나님을 욕되게 하느냐? 기록된 바와 같이 하나님의 이름이 너희로 인하여 이방인들 가운데서 모독을 당하는도다』(롬 2:23,24).

셋째, 종들이 자신의 주인들에게 반역할 때이다. 『종들아, 모든 두려움으로 너희 주인들에게 복종하되 선하고 온화한 자들에게뿐만 아니라 까다로운 자들에게도 그렇게 하라... 멍에 아래 있는 모든 종은 자기 주인들을 모든 공경을 받을 자로 여기라. 이는 하나님의 이름과 그분의 교리가 모독을 받지 않게 하려는 것이라』(벧전 2:18, 딤전 6:1).

## 그리스도인이 피해야 할 "모든 악의 뿌리"

『그러나 부유하게 되고자 하는 자들은 유혹과 올무와 여러 가지 어리석고 해로운 정욕에 빠지리니, 이는 사람들로 파멸과 멸망에 빠지게 하는 것이라. 돈을 사랑하는 것이 모든 악의 뿌리니, 이것을 욕심내는 어떤 사람들이 믿음에서 떠나 방황하다가 많은 슬픔으로 자신들을 찔렀도다. 그러나, 오, 하나님의 사람인 너는 이것들을 피하라. 그리고 의와 경건과 믿음과 사랑과 인내와 온유를 추구하라. 믿음의 선한 싸움을 싸우라. 영원한 생명을 붙잡으라. 이를 위하여 네가 또한 부르심을 받았고, 많은 증인들 앞에서 선한 고백으로 고백하였느니라』(9-12절).

**『모든 악의 뿌리』는 "돈에 대한 사랑"이다**. 이 뿌리는 사람들을 파멸과 멸망에 빠지게 한다. 인간이 사랑하는 "돈"은 언젠가 독수리의 날개를 달고 날아갈 것이다(잠 23:5). 돈에 대한 꿈은 허망하다. 돈은 말도 하고(전 10:19), 이 세상에서 많은 일들을 할 수 있지만, 돈으로는 지옥에서 벗어날 수가 없다. 하나님의 선물인 성령님 또한 돈으로 살 수가 없다(행 8:18-21).

성령님께서는 예수 그리스도를 구주로 믿은 사람들에게 주시는 하나님의 선물이기 때문이다. 선물은 돈을 주고 사지 않는다. 사망은 죄의 대가로 주어지지만, 하나님의 선물은 대가를 치르고 얻는 것이 아니다. 『**이는 죄의 삯은 사망이요, 하나님의 선물은 예수 그리스도 우리 주로 말미암은 영원한 생명이기 때문이라**』(롬 6:23).

그리스도인이 이 세상에서 부자가 되는 것을 목표로 할 때 많은 슬픔으로 자신을 찌르게 된다(딤전 6:10). **가진 것이 많을수록 돈 문제로 인한 압박이 커져 슬픔 또한 느는 법인데(전 2:22,23; 5:12), 성경은 그 고통을 "찌르는 고**

통"이라고 말씀한다. 돈을 사랑하는 데서 오는 가장 큰 고통은, 지상 삶을 사는 동안 잘못된 곳에 마음을 두었기에 하늘의 상을 잃어버렸다는 데 있다. 『오히려 너희 자신을 위하여 하늘에다 보물을 쌓아 두라. 거기는 좀이나 녹이 해치지도 않으며, 또 거기는 도둑들이 뚫고 들어오지도 못하고 도둑질도 못하느니라. 너희 보물이 있는 곳에 너희 마음도 있느니라』(마 6:20,21). 『그러므로 너희가 그리스도와 함께 살아났으면 위에 있는 것들을 구하라. 거기에는 그리스도께서 하나님의 오른편에 앉아 계시느니라. 위에 있는 것들에 너희 마음을 두고 땅에 있는 것들에 마음을 두지 말라. 이는 너희가 죽었고 또 너희의 생명이 그리스도와 함께 하나님 안에 감추어졌기 때문이라. 우리의 생명이신 그리스도께서 나타나실 때 그때 너희도 그와 함께 영광 가운데 나타날 것이라. 그러므로 땅 위에 있는 너희의 지체를 죽이라. 곧 음행과 부정과 사욕과 악한 색욕과 탐심이니 탐심은 우상 숭배니라. 이런 것들 때문에 하나님의 진노가 불순종의 자녀들 위에 임하느니라. 너희도 전에는 이런 것들 가운데 살면서 그들 가운데서 행하였느니라』(골 3:1-7).

우리가 음란과 정욕과 술 취함과 방탕과 연락과 혐오스런 우상 숭배를 행하여 이방인들의 뜻을 행한 것은 지난날의 생활로 충분하다(벧전 4:3). 우리 가운데는 음행하는 자나, 한 그릇 음식을 위하여 장자권을 판 에서와 같이 "속된 자"가 없어야 한다. 에서는 후에 축복을 유업으로 받으려고 했을 때 거절당했고, 눈물로 간절히 구했지만 회개의 기회를 얻지 못했다(히 12:16,17).

그리스도인은 부자가 되고자 하는 "속된 욕망"을 피해야 한다(9절). 돈을 사랑하는 것을 피해야 한다(10절). 그리스도인이 지상 삶에서 추구해야 할 것은 『의와 경건과 믿음과 사랑과 인내와 온유』(11절)이다. 지상에서 믿음의 선한 싸움을 싸우고 영원한 생명을 붙잡아야 한다. 그리스도인은 바로 그 일을 위해서 부름받았으며, 이것에 대해 많은 증인들 앞에서 선한 고백으로 고백할 수 있어야 한다(12절).

## 디모데의 선한 고백 vs. 예수님의 선한 고백

『이를 위하여 네가 또한 부르심을 받았고, 많은 증인들 앞에서 선한 고백으로 고백하였느니라. 만물을 살리시는 하나님 앞에서와 폰티오 빌라도 앞에서 선한 고백으로 증거하셨던 그리스도 예수 앞에서 내가 너에게 명하노니, 우리 주 예수 그리스도께서 나타나실 때까지 흠 없고 책망받을 것도 없이 이 명령을 지키라. 자기 때가 되면 주께서 나타나시리니 그분은 복되시고 유일하신 통치자시요, 만왕의 왕이시며 만주의 주시라. 오직 그분만이 불멸하시며, 어떤 사람도 접근할 수 없는 빛 가운데 거하시며, 어떤 사람도 보지 못하였고 또 볼 수도 없는 분이시니, 그분께 영원한 존귀와 능력이 있기를 원하노라. 아멘』(12-16절).

디모데는 많은 사람들 앞에서 예수 그리스도를 공개적으로 고백했다. 이것이 그가 했던 『선한 고백』(12절)이다. 자신이 "그리스도인"임을 부끄러워하지 않고 드러내놓고 살았던 것이다(롬 1:16). 그렇기에 자기가 고백한 고백에 합당한, 그리스도인으로서 부끄럽지 않은 삶을 살아야 했다. 자신의 선한 고백대로 살지 않는 그리스도인은 세상에서 거짓말쟁이와 위선자로 비칠 뿐이다.

예수님께서도 **『선한 고백』**(13절)으로 증거하셨다. 주님의 선한 고백은 다음과 같다. **『예수께서 대답하시기를 "나의 왕국은 이 세상에 속한 것이 아니니라. 만일 나의 왕국이 이 세상에 속한 것이라면 내 부하들이 싸워서 나를 유대인들에게 넘어가지 않게 하였을 것이라. 그러나 지금은 나의 왕국이 여기에 속한 것이 아니니라."고 하시더라. 그러므로 빌라도가 주께 말하기를 "그러면 네가 왕이냐?"고 하니, 예수께서 대답하시기를 "네 말이 옳도다. 내가 왕이니라. 이 일을 위하여 내가 태어났고, 이런 연유로 내가 세상에 왔으니 진리를 증거**

**하려는 것이라. 진리에 속한 자는 누구나 나의 음성을 듣느니라."고 하시니』**(요 18:36,37). 예수님의 "선한 고백"은 첫째, 그분께서 이 세상에 속하지 않은 왕국의 왕이시라는 것이며, 둘째, 그 왕국이 "지금은," 즉 "초림 때"는 세상에 속하지 않는다는 것이다. **이 선한 고백은 주님께서 초림이 아닌 "재림" 때 "왕"으로 오셔서 그분의 "왕국"을 세우실 것이라는 뜻을 담고 있었다.** 변개된 성경들은 요한복음 18:36의 『**지금은**』을 삭제하거나 개역성경처럼 "이제"로 변개함으로써 재림에 관한 주님의 "선한 고백"을 파괴했다. 하지만 말씀을 변개시킨다고 해서 주님의 두 번째 오심과 그분의 왕국 수립이 사라지는 것이 아니다. 『**그 후에 일곱째 천사가 나팔을 부니, 하늘에서 큰 음성들이 있어 말하기를 "이 세상의 나라들이 우리 주와 그의 그리스도의 왕국들이 되어서 그분이 영원무궁토록 통치하시리라."고 하더라**』(계 11:15).

사도 바울은 『**만물을 살리시는 하나님 앞에서와 폰티오 빌라도 앞에서 선한 고백으로 증거하셨던 그리스도 예수 앞에서 내가 너에게 명하노니, 우리 주 예수 그리스도께서 나타나실 때까지**[재림] **흠 없고 책망받을 것도 없이 이 명령을 지키라.**』(13,14절)라고 디모데에게 명령했다. 바울의 이 명령에는 예수님의 "선한 고백"이 그분의 "나타나심"(재림)과 관련 있음이 계시되어 있다. 말하자면 디모데는 주님께서 재림하실 때까지 디모데 자신의 선한 고백에 어울리는 삶을 "흠 없고 책망받을 것도 없이" 살아야 한다는 것이며, 그러한 삶에 "돈에 대한 사랑"이 없어야 함을 사도 바울은 문맥적으로 강조한 것이다.

그리스도인이 자신의 선한 고백에 따라 살다가 만나게 될 예수 그리스도는 『**복되시고 유일하신 통치자시요, 만왕의 왕이시며 만주의 주**』시고, 『**오직 그분만이 불멸하시며, 어떤 사람도 접근할 수 없는 빛 가운데 거하시며, 어떤 사람도 보지 못하였고 또 볼 수도 없는 분**』(15,16절)이시다. 이 "불멸"하시는 분께서 부활을 통해 『**죽음을 폐기하시고 복음을 통하여 생명과 불멸을 밝히셨**』다(딤후 1:10). 예수 그리스도께서는 그분의 생명과 불멸을 그분을 믿고서 거듭

난 그리스도인들에게 주셨다. 그렇기에 우리의 유한한 지상 생은 우리 자신에게 영생을 주신 분을 만날 준비를 하는 데 써야 한다. 돈을 사랑하지 않고, 돈에 소망을 두지 않고, 오직 죽지도 않고 썩지도 않는 불멸의 몸을 입을 그날을 기다리면서 그리스도인으로서 합당하게 살아야 하는 것이다. 『**그분 안에서 이 소망을 가지는 사람은 누구나 그분이 정결하신 것처럼 자신을 정결케 하느니라**』(요일 3:3).

## 세상에서 부유한 그리스도인들에게 주시는 명령

『이 세상에 있는 부유한 자들에게 명하여 마음이 교만해지지 말고 불확실한 재물을 신뢰하지 말며, 오직 우리에게 모든 것을 풍요하게 주셔서 향유케 하시는 살아 계신 하나님을 신뢰하라고 하라. 곧 그들이 선을 행하고, 선한 일에 부요하며, 기꺼이 나누어 주고, 아낌없이 베풂으로써, 자신들을 위하여 오는 때를 대비한 좋은 기초를 쌓도록 하라. 이는 영원한 생명을 붙들기 위함이라. 오 디모데야, 네게 맡겨진 것을 지키고, 비속하고 허황된 말장난과 거짓되이 일컬어지는 과학의 반론을 피하라. 이것을 공언하는 어떤 사람이 믿음에 관해서는 정도를 벗어났느니라. 은혜가 너와 함께 있을지어다. 아멘』(17-21절).

끝으로 사도 바울은 세상에서 부유한 그리스도인들에게 주는 몇 가지 명령을 기록한다.

**첫째, 돈이 많다고 마음이 교만해지지 말라(17절)**. 자기를 위해서 돈을 다 쓰지도 못할 것이고(전 5:11), 다른 누군가가 가져갈 것이기 때문이다(전

2:18-21; 6:2).

둘째, 불확실한(잠 23:4-6, 전 9:11) 재물을 신뢰하지 말며 모든 풍요를 향유케 하시는 하나님만을 신뢰하라(17절).

셋째, 선을 행하고 선한 일에 부요하며, 기꺼이 나누고 베풀어서(18절) 자신들을 위하여 "오는 때"(그리스도의 심판석)를 대비한 좋은 기초를 쌓도록 하라(19절).

이어서 사도 바울이 디모데에 주는 마지막 명령은 『**네게 맡겨진 것을 지키고, 비속하고 허황된 말장난과 거짓되이 일컬어지는 과학의 반론을 피하라.**』(20절)라는 것이다. "과학"을 공언하는 어떤 사람이 믿음에 관해서는 정도를 벗어났기 때문이다(21절). 과학은 참된 지식이 될 수 없다. 참된 지식은 주를 두려워하는 것으로 시작된다(잠 1:7). 모든 지혜와 지식의 보화는 예수 그리스도 안에 감춰져 있다(골 2:3). 그렇기에 예수 그리스도께서는 "과학의 도움 없이도" 우리의 혼을 구원하시며 영원한 생명을 주실 수 있다. 예수 그리스도께서는 "과학의 도움 없이도" 우리의 필요를 공급하시고 우리를 위로하실 수 있다. 예수 그리스도께서는 "과학의 도움 없이도" 우리에게 초자연적인 몸을 주셔서 결코 쇠하거나 죽지 않게 하실 것이다. 이와 같은 예수 그리스도만이 이 생을 살아가는 데 있어서는 물론, 다가올 생에서도 우리의 유일한 소망이시며 우리가 신뢰할 분이시다. 우리는 〈한글킹제임스성경〉을 통해 바로 이 예수 그리스도를 알아가야 하고, 바로 이 예수 그리스도를 높여 드리는 삶을 살아야 한다.

■ 새롭게 깨달았거나 적용할 내용이 있다면 적어 보세요. ■

## 제5과
# 복습문제

1. 종이 주인을 존경하는 것도 그리스도인이 믿고 따라야 할 (          )이다.

2. 그리스도인 "주인"과 그리스도인 "종"은 각자의 위치에 맞는 섬김을 통해서 "(          )의 상"을 받을 수 있다.

3. 예수 그리스도의 재림을 대비하는 삶에는 (          )에 대한 사랑이 없어야 한다.

4. 참된 지식은 주를 (          )하는 것으로 시작된다(잠 1:7).

5. 모든 지혜와 지식의 보화는 (          ) 안에 감춰져 있다(골 2:3).

■ 새롭게 깨달았거나 적용할 내용이 있다면 적어 보세요. ■

# NOTES

# NOTES

# 복습 문제 정답

### 제2과

1. O
2. O
3. 의
4. 본
5. 전념
6. X

### 제3과

1. X
2. O
3. O
4. O
5. O
6. X
7. O

### 제4과

1. X
2. O
3. X
4. X
5. O
6. O

### 제5과

1. 교리
2. 유업
3. 돈
4. 두려워
5. 예수 그리스도

## < 추 천 도 서 >

### 목회서신

피터 S. 럭크만 지음 / 460쪽

20,000원(eBook 14,000원)

이 책은 지역 교회를 통한 하나님의 사역을 이해하게 하며, 또 지역 교회를 섬기는 신실한 성도 및 사역자의 자격을 알려 준다.

### 믿음의 선한 싸움을 싸우라

이송오 목사 지음 / 184쪽

7,000원(eBook 4,900원)

이 책은 우리의 영적 싸움에서 가장 기초적이라 할 수 있는 영적 분별력을 키우게 해 준다.

### 믿음의 좁은길

조지 문델 지음 / 152쪽

4,000원(eBook 2,900원)

이 책은 아브라함의 생애를 조명해 보는 가운데 우리가 그리스도인으로서 승리의 삶을 살수 있는 방안을 제시하고 있다.

### 완벽한 교회는 없는가

이송오 목사 지음 / 296쪽

12,000원(eBook 8,400원)

참 교회의 모습을 찾으려고 하는 성도들, 특히 올바른 목회를 하려고 준비하는 신학생들과 목회자에게 좋은 교과서로 제시된다.

솔로몬 성경공부 시리즈

# 디 모 데 전 서

## 제2권 믿음의 선한 싸움을 싸우라(4-6장)


초판1쇄 2024년 5월 9일
초판2쇄 2024년 10월 24일
지 은 이 / 편 집 부
발 행 인 / 박 승 용
발 행 처 / 말씀보존학회
출판등록 / 제409-2022-000036호
주 소 / 서울 강서우체국 사서함 제90호
전 화 / (02) 2665 - 3743
팩 스 / (02) 2665 - 3302
인 터 넷 / www.biblemaster.co.kr



값 10,000 원